AF219295

Lenormand und Ich

Hinweise

Die im Buch veröffentlichen Ratschläge wurden von der Verfasserin mit größter Sorgfalt erarbeitet und geprüft. Eine Garantie kann jedoch nicht übernommen werden. Ebenso ist eine Haftung der Verfasserin und ihrer Beauftragten für Personen-, Sach- oder Vermögensschäden ausgeschlossen.

Das vorliegende Werk wurde sorgfältig erarbeitet. Dennoch übernimmt die Autorin für die Richtigkeit von Angaben, Hinweisen und Ratschlägen sowie eventuellen Druckfehlern keine Haftung. Die Informationen in diesem Buch verstehen sich nicht als Ersatz für den Rat eines Arztes / Heilpraktikers.

Für

Ich liebe Dich unendlich!

FSC
www.fsc.org
MIX
Papier aus ver-
antwortungsvollen
Quellen
Paper from
responsible sources
FSC® C105338

Bibliografische Informationen der Deutschen Nationalbibliothek:

Die Deutsche Nationalbibliothek verzeichnet diese Publikation in der

Deutschen Nationalbiografie; detaillierte bibliografische Daten sind im Internet

über http: // dnb.dnb.de abrufbar.

1. Auflage, Juni 2020,© Kerstin Fa

Lenormand und Ich

Design und Text © Kerstin Fa

Coverdesign "Chibi-lishous Lenormand" © Irmi Fa

Herstellung und Verlag

BoD – Books on Demand, Norderstedt

Alle Rechte ausnahmslos vorbehalten.

ISBN: 9783751960083

Liebe Freundin, Lieber Freund,

willkommen bei Deinem Lenormand-Tagebuch, mit dem Du und Dein Lenormand zusammen wachsen könnt, neue Seiten aneinander entdeckt und mit Freude die Seiten füllt. Male in Dein Buch, notiere alles, was Dir zu der jeweiligen Karte einfällt, verwende Farben, gestalte eine Collage...

Nutze Deine Fantasie, um Lenormand für Dich lebendig zu machen!

Auf den folgenden Seiten ist viel Platz für Dich, um Deine Gedanken, Ideen und Fragen zu jeder der 36 Karten zu notieren.

Am Ende des Buches findest Du Zusatzseiten zu Extrakarten und eine Extraseite je Spielkarten-Farbe, damit Du dort alle Karten einer Farbe zusammentragen und ihre Gemeinsamkeiten weiter studieren kannst.

Und am Schluss befinden sich Dankbarkeitsseiten, füll sie wie Du willst.

Viel Freude mit Deinem Lenormand und Ich,

Alles Liebe,

Kerstin

Karte 1 Der Reiter   Datum _____

                                        Deck _____

Was mir an der Darstellung des Reiters gefällt

Rätselhafte Symbole auf der Karte

Bedeutung des Reiters

Seine Eigenschaften

Gesundheit mit dem Reiter

Meditation

Das Haus des Reiters

Meine Beziehung zum Reiter

Die dazugehörige Spielkarte   Herz 9

Meine liebste Darstellung dieser Karte ist im Deck

Andere Darstellungen des Reiters und meine Gedanken dazu

Meine Assoziationen zum Reiter

Danke, lieber Reiter, für

Karte   2   Der Klee   Datum _____

                                        Deck _____

Was mir an der Darstellung des Klees gefällt

Rätselhafte Symbole auf der Karte

Bedeutung des Klees

Seine Eigenschaften

Meine Beziehung zum Klee

Die dazugehörige Spielkarte Karo 6

Meine liebste Darstellung dieser Karte ist im Deck

Andere Darstellungen des Klees und meine Gedanken dazu

Meine Assoziationen zum Klee

Danke, lieber Klee, für

Karte   3   Das Schiff   Datum _____

                                                Deck _____

Was mir an der Darstellung des Schiffs gefällt

Rätselhafte Symbole auf der Karte

Bedeutung des Schiffs

Seine Eigenschaften

Gesundheit mit dem Schiff

Meditation

Das Haus des Schiffs

Meine Beziehung zum Schiff

Die dazugehörige Spielkarte   Pik 10

Meine liebste Darstellung dieser Karte ist im Deck

Andere Darstellungen des Schiffs und meine Gedanken dazu

Meine Assoziationen zum Schiff

Danke, liebes Schiff, für

Karte   4   Das Haus   Datum _____

                                        Deck _____

Was mir an der Darstellung des Hauses gefällt

Rätselhafte Symbole auf der Karte

Bedeutung des Hauses

Seine Eigenschaften

Gesundheit mit dem Haus

Meditation

Das Haus der Karte Haus

Meine Beziehung zum Haus

Die dazugehörige Spielkarte Herz König

Meine liebste Darstellung dieser Karte ist im Deck

Andere Darstellungen des Hauses und meine Gedanken dazu

Meine Assoziationen zum Haus

Danke, liebes Haus, für

Karte 5 Der Baum   Datum _____

                                      Deck _____

Was mir an der Darstellung des Baumes gefällt

Rätselhafte Symbole auf der Karte

Bedeutung des Baumes

Seine Eigenschaften

Gesundheit mit dem Baum

Meditation

Das Haus des Baumes

Meine Beziehung zum Baum

Die dazugehörige Spielkarte   Herz 7

Meine liebste Darstellung dieser Karte ist im Deck

Andere Darstellungen des Baumes und meine Gedanken dazu

Meine Assoziationen zum Baum

Danke, lieber Baum, für

Karte   6   Die Wolken   Datum _____

                                           Deck _____

Was mir an der Darstellung der Wolken gefällt

Rätselhafte Symbole auf der Karte

Bedeutung der Wolken

Ihre Eigenschaften

Gesundheit mit den Wolken

Meditation

Das Haus der Wolken

Meine Beziehung zu den Wolken

Die dazugehörige Spielkarte   Kreuz König

Meine liebste Darstellung dieser Karte ist im Deck

Andere Darstellungen der Wolken und meine Gedanken dazu

Meine Assoziationen zu den Wolken

Danke, liebe Wolken, für

Karte   7   Die Schlange   Datum _____

                                            Deck _____

Was mir an der Darstellung der Schlange gefällt

Rätselhafte Symbole auf der Karte

Bedeutung der Schlange

Ihre Eigenschaften

Gesundheit mit der Schlange

Meditation

Das Haus der Schlange

Meine Beziehung zur Schlange

Die dazugehörige Spielkarte Kreuz Königin

Meine liebste Darstellung dieser Karte ist im Deck

Andere Darstellungen der Schlange und meine Gedanken dazu

Meine Assoziationen zur Schlange

Danke, liebe Schlange, für

Karte   8   Der Sarg   Datum _____

                                             Deck _____

Was mir an der Darstellung des Sargs gefällt

Rätselhafte Symbole auf der Karte

Bedeutung des Sargs

Seine Eigenschaften

Gesundheit mit dem Sarg

Meditation

Das Haus des Sargs

Meine Beziehung zum Sarg

Die dazugehörige Spielkarte   Karo 9

Meine liebste Darstellung dieser Karte ist im Deck

Andere Darstellungen des Sargs und meine Gedanken dazu

Meine Assoziationen zum Sarg

Danke, lieber Sarg, für

Karte   9   Die Blumen   Datum _____

                                          Deck _____

Was mir an der Darstellung der Blumen gefällt

Rätselhafte Symbole auf der Karte

Bedeutung der Blumen

Ihre Eigenschaften

Gesundheit mit den Blumen

Meditation

Das Haus der Blumen

Meine Beziehung zu den Blumen

Die dazugehörige Spielkarte Pik Königin

Meine liebste Darstellung dieser Karte ist im Deck

Andere Darstellungen der Blumen und meine Gedanken dazu

Meine Assoziationen zu den Blumen

Danke, liebe Blumen, für

Karte   10   Die Sense   Datum _____

                                          Deck _____

Was mir an der Darstellung der Sense gefällt

Rätselhafte Symbole auf der Karte

Bedeutung der Sense

Ihre Eigenschaften

Meine Beziehung zur Sense

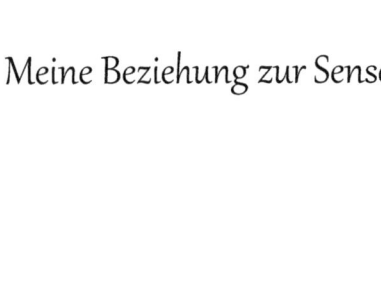

Die dazugehörige Spielkarte Karo Bube

Meine liebste Darstellung dieser Karte ist im Deck

Andere Darstellungen der Sense und meine Gedanken dazu

Meine Assoziationen zur Sense

Danke, liebe Sense, für

Karte 11 Die Ruten   Datum _____

                                        Deck _____

Was mir an der Darstellung der Ruten gefällt

Rätselhafte Symbole auf der Karte

Bedeutung der Ruten

Ihre Eigenschaften

Gesundheit mit den Ruten

Meditation

Das Haus der Ruten

Meine Beziehung zu den Ruten

Die dazugehörige Spielkarte   Kreuz Bube

Meine liebste Darstellung dieser Karte ist im Deck

Andere Darstellungen der Ruten und meine Gedanken dazu

Meine Assoziationen zu den Ruten

Danke, liebe Ruten, für

Karte   12 Die Vögel, Die Eulen   Datum _____

                                            Deck _____

Was mir an der Darstellung der Vögel gefällt

Rätselhafte Symbole auf der Karte

Bedeutung der Vögel

Ihre Eigenschaften

Gesundheit mit den Vögeln

Meditation

Das Haus der Vögel

Meine Beziehung zu den Vögeln

Die dazugehörige Spielkarte   Karo 7

Meine liebste Darstellung dieser Karte ist im Deck

Andere Darstellungen der Vögel und meine Gedanken dazu

Meine Assoziationen zu den Vögeln

Danke, liebe Vögel, für

Karte 13 Das Kind   Datum _____

                                     Deck _____

Was mir an der Darstellung des Kindes gefällt

Rätselhafte Symbole auf der Karte

Bedeutung des Kindes

Seine Eigenschaften

Gesundheit mit dem Kind

Meditation

Das Haus des Kindes

Meine Beziehung zur Karte Kind

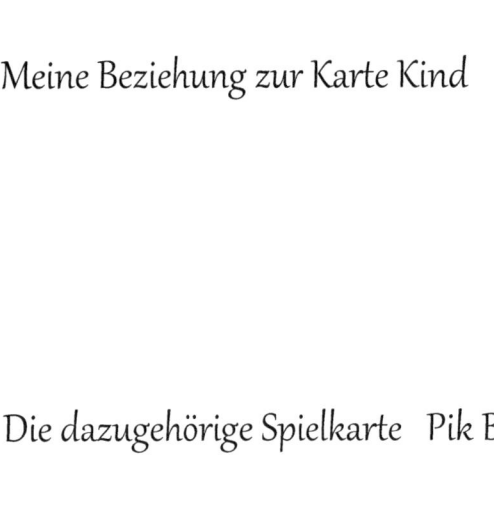

Die dazugehörige Spielkarte   Pik Bube

Meine liebste Darstellung dieser Karte ist im Deck

Andere Darstellungen des Kindes und meine Gedanken dazu

Meine Assoziationen zum Kind

Danke, liebes Kind, für

Karte 14 Der Fuchs   Datum _____

                                   Deck _____

Was mir an der Darstellung des Fuches gefällt

Rätselhafte Symbole auf der Karte

Bedeutung des Fuchses

Seine Eigenschaften

Gesundheit mit dem Fuchs

Meditation

Das Haus des Fuchses

Meine Beziehung zum Fuchs

Die dazugehörige Spielkarte   Kreuz 9

Meine liebste Darstellung dieser Karte ist im Deck

Andere Darstellungen des Fuchses und meine Gedanken dazu

Meine Assoziationen zum Fuchs

Danke, lieber Fuchs, für

Karte 15 Der Bär   Datum _____

                                      Deck _____

Was mir an der Darstellung des Bären gefällt

Rätselhafte Symbole auf der Karte

Bedeutung des Bären

Seine Eigenschaften

Gesundheit mit dem Bären

Meditation

Das Haus des Bären

Meine Beziehung zum Bären

Die dazugehörige Spielkarte   Kreuz 10

Meine liebste Darstellung dieser Karte ist im Deck

Andere Darstellungen des Bären und meine Gedanken dazu

Meine Assoziationen zum Bären

Danke, lieber Bär, für

Karte   16   Die Sterne   Datum _____

                                           Deck _____

Was mir an der Darstellung der Sterne gefällt

Rätselhafte Symbole auf der Karte

Bedeutung der Sterne

Ihre Eigenschaften

Gesundheit mit den Sternen

Meditation

Das Haus der Sterne

Meine Beziehung zu den Sternen

Die dazugehörige Spielkarte   Herz 9

Meine liebste Darstellung dieser Karte ist im Deck

Andere Darstellungen der Sterne und meine Gedanken dazu

Meine Assoziationen zu den Sternen

Danke, liebe Sterne, für

Karte 17 Die Störche   Datum _____

                                          Deck _____

Was mir an der Darstellung der Störche gefällt

Rätselhafte Symbole auf der Karte

Bedeutung der Störche

Ihre Eigenschaften

Gesundheit mit den Störchen

Meditation

Das Haus der Störche

Meine Beziehung zu den Störchen

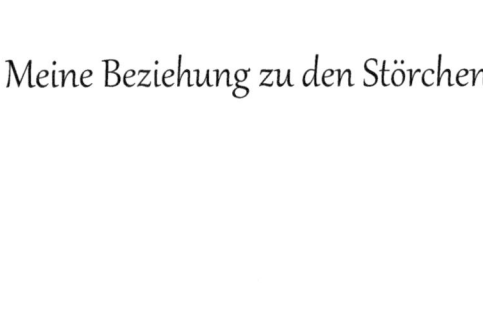

Die dazugehörige Spielkarte   Herz Königin

Meine liebste Darstellung dieser Karte ist im Deck

Andere Darstellungen der Störche und meine Gedanken dazu

Meine Assoziationen zu den Störchen

Danke, liebe Störche, für

Karte 18 Der Hund   Datum _____

                                       Deck _____

Was mir an der Darstellung des Hundes gefällt

Rätselhafte Symbole auf der Karte

Bedeutung des Hundes

Seine Eigenschaften

Gesundheit mit dem Hund

Meditation

Das Haus des Hundes

Meine Beziehung zum Hund

Die dazugehörige Spielkarte   Herz 10

Meine liebste Darstellung dieser Karte ist im Deck

Andere Darstellungen des Hundes und meine Gedanken dazu

Meine Assoziationen zum Hund

Danke, lieber Hund, für

Karte   19   Der Turm   Datum _____

                                         Deck _____

Was mir an der Darstellung des Turms gefällt

Rätselhafte Symbole auf der Karte

Bedeutung des Turms

Seine Eigenschaften

Gesundheit mit dem Turm

Meditation

Das Haus des Turms

Meine Beziehung zum Turm

Die dazugehörige Spielkarte   Pik 6

Meine liebste Darstellung dieser Karte ist im Deck

Andere Darstellungen des Turms und meine Gedanken dazu

Meine Assoziationen zum Turm

Danke, lieber Turm, für

Karte   20   Der Park   Datum _____

                                         Deck _____

Was mir an der Darstellung des Parks gefällt

Rätselhafte Symbole auf der Karte

Bedeutung des Parks

Seine Eigenschaften

Gesundheit mit dem Park

Meditation

Das Haus des Parks

Meine Beziehung zum Park

Die dazugehörige Spielkarte   Pik 8

Meine liebste Darstellung dieser Karte ist im Deck

Andere Darstellungen des Parks und meine Gedanken dazu

Meine Assoziationen zum Park

Danke, lieber Park, für

Karte   21   Der Berg   Datum _____

Deck _____

Was mir an der Darstellung des Bergs gefällt

Rätselhafte Symbole auf der Karte

Bedeutung des Bergs

Seine Eigenschaften

Gesundheit mit dem Berg

Meditation

Das Haus des Bergs

Meine Beziehung zum Berg

Die dazugehörige Spielkarte   Kreuz 8

Meine liebste Darstellung dieser Karte ist im Deck

Andere Darstellungen des Bergs und meine Gedanken dazu

Meine Assoziationen zum Berg

Danke, lieber Berg, für

Karte   22   Die Wege   Datum _____

                                         Deck _____

Was mir an der Darstellung der Wege gefällt

Rätselhafte Symbole auf der Karte

Bedeutung der Wege

Ihre Eigenschaften

Gesundheit mit den Wegen

Meditation

Das Haus der Wege

Meine Beziehung zu den Wegen

Die dazugehörige Spielkarte   Karo Königin

Meine liebste Darstellung dieser Karte ist im Deck

Andere Darstellungen der Wege und meine Gedanken dazu

Meine Assoziationen zu den Wegen

Danke, liebe Wege, für

Karte   23   Die Mäuse   Datum _____

                                          Deck _____

Was mir an der Darstellung der Mäuse gefällt

Rätselhafte Symbole auf der Karte

Bedeutung der Mäuse

Ihre Eigenschaften

Gesundheit mit den Mäusen

Meditation

Das Haus der Mäuse

Meine Beziehung zu den Mäusen

Die dazugehörige Spielkarte   Kreuz 7

Meine liebste Darstellung dieser Karte ist im Deck

Andere Darstellungen der Mäuse und meine Gedanken dazu

Meine Assoziationen zu den Mäusen

Danke, liebe Mäuse, für

Karte   24   Das Herz   Datum _____

                                         Deck _____

Was mir an der Darstellung des Herzens gefällt

Rätselhafte Symbole auf der Karte

Bedeutung des Herzens

Seine Eigenschaften

Gesundheit mit dem Herzen

Meditation

Das Haus des Herzens

Meine Beziehung zum Herz

Die dazugehörige Spielkarte   Herz Bube

Meine liebste Darstellung dieser Karte ist im Deck

Andere Darstellungen des Herzens und meine Gedanken dazu

Meine Assoziationen zum Herz

Danke, liebes Herz, für

Karte   25   Der Ring   Datum _____

                                         Deck _____

Was mir an der Darstellung des Rings gefällt

Rätselhafte Symbole auf der Karte

Bedeutung des Rings

Seine Eigenschaften

Gesundheit mit dem Ring

Meditation

Das Haus des Rings

Meine Beziehung zum Ring

Die dazugehörige Spielkarte   Kreuz As

Meine liebste Darstellung dieser Karte ist im Deck

Andere Darstellungen des Rings und meine Gedanken dazu

Meine Assoziationen zum Ring

Danke, lieber Ring, für

Karte   26   Das Buch   Datum _____

                                         Deck _____

Was mir an der Darstellung des Buchs gefällt

Rätselhafte Symbole auf der Karte

Bedeutung des Buchs

Seine Eigenschaften

Gesundheit mit dem Buch

Meditation

Das Haus des Buchs

Meine Beziehung zum Buch

Die dazugehörige Spielkarte   Karo 10

Meine liebste Darstellung dieser Karte ist im Deck

Andere Darstellungen des Buchs und meine Gedanken dazu

Meine Assoziationen zum Buch

Danke, liebes Buch, für

Karte   27   Der Brief   Datum _____

                                          Deck _____

Was mir an der Darstellung des Briefs gefällt

Rätselhafte Symbole auf der Karte

Bedeutung des Briefs

Seine Eigenschaften

Gesundheit mit dem Brief

Meditation

Das Haus des Briefs

Meine Beziehung zum Brief

Die dazugehörige Spielkarte   Pik 7

Meine liebste Darstellung dieser Karte ist im Deck

Andere Darstellungen des Briefs und meine Gedanken dazu

Meine Assoziationen zum Brief

Danke, lieber Brief, für

Karte   28   Der Mann   Datum _____

                                         Deck _____

Was mir an der Darstellung des Manns gefällt

Rätselhafte Symbole auf der Karte

Bedeutung des Manns

Seine Eigenschaften

Gesundheit mit dem Mann

Meditation

Das Haus des Mannes

Meine Beziehung zur Karte Mann

Die dazugehörige Spielkarte   Herz As

Meine liebste Darstellung dieser Karte ist im Deck

Andere Darstellungen des Mannes und meine Gedanken dazu

Meine Assoziationen zum Mann

Danke, lieber Mann, für

Karte   29   Die Frau

Datum _____

Deck _____

Was mir an der Darstellung der Frau gefällt

Rätselhafte Symbole auf der Karte

Bedeutung der Frau

Ihre Eigenschaften

Gesundheit mit der Frau

Meditation

Das Haus der Frau

Meine Beziehung zur Karte Frau

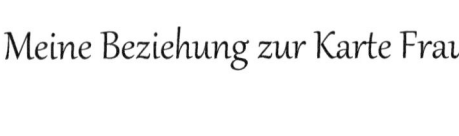

Die dazugehörige Spielkarte   Pik As

Meine liebste Darstellung dieser Karte ist im Deck

Andere Darstellungen der Frau und meine Gedanken dazu

Meine Assoziationen zur Frau

Danke, liebe Frau, für

Karte   30   Die Lilie   Datum _____

                                          Deck _____

Was mir an der Darstellung der Lilie gefällt

Rätselhafte Symbole auf der Karte

Bedeutung der Lilie

Ihre Eigenschaften

Gesundheit mit der Lilie

Meditation

Das Haus der Lilie

Meine Beziehung zur Lilie

Die dazugehörige Spielkarte   Pik König

Meine liebste Darstellung dieser Karte ist im Deck

Andere Darstellungen der Lilie und meine Gedanken dazu

Meine Assoziationen zur Lilie

Danke, liebe Lilie, für

Karte   31   Die Sonne   Datum _____

                                          Deck _____

Was mir an der Darstellung der Sonne gefällt

Rätselhafte Symbole auf der Karte

Bedeutung der Sonne

Ihre Eigenschaften

Gesundheit mit der Sonne

Meditation

Das Haus der Sonne

Meine Beziehung zur Sonne

Die dazugehörige Spielkarte   Karo As

Meine liebste Darstellung dieser Karte ist im Deck

Andere Darstellungen der Sonne und meine Gedanken dazu

Meine Assoziationen zur Sonne

Danke, liebe Sonne, für

Karte   32   Der Mond   Datum _____

                                         Deck _____

Was mir an der Darstellung des Mondes gefällt

Rätselhafte Symbole auf der Karte

Bedeutung des Mondes

Seine Eigenschaften

Gesundheit mit dem Mond

Meditation

Das Haus des Mondes

Meine Beziehung zum Mond

Die dazugehörige Spielkarte   Herz 8

Meine liebste Darstellung dieser Karte ist im Deck

Andere Darstellungen des Mondes und meine Gedanken dazu

Meine Assoziationen zum Mond

Danke, lieber Mond, für

Karte 33 Der Schlüssel   Datum _____

                                            Deck _____

Was mir an der Darstellung des Schlüssels gefällt

Rätselhafte Symbole auf der Karte

Bedeutung des Schlüssels

Seine Eigenschaften

Gesundheit mit dem Schlüssel

Meditation

Das Haus des Schlüssels

Meine Beziehung zum Schlüssel

Die dazugehörige Spielkarte   Karo 8

Meine liebste Darstellung dieser Karte ist im Deck

Andere Darstellungen des Schlüssels und meine Gedanken dazu

Meine Assoziationen zum Schlüssel

Danke, lieber Schlüssel, für

Karte   34   Die Fische   Datum _____

                                           Deck _____

Was mir an der Darstellung der Fische gefällt

Rätselhafte Symbole auf der Karte

Bedeutung der Fische

Ihre Eigenschaften

Gesundheit mit den Fischen

Meditation

Das Haus der Fische

Meine Beziehung zu den Fischen

Die dazugehörige Spielkarte   Karo König

Meine liebste Darstellung dieser Karte ist im Deck

Andere Darstellungen der Fische und meine Gedanken dazu

Meine Assoziationen zu den Fischen

Danke, liebe Fische, für

Karte   35   Der Anker   Datum _____

Deck _____

Was mir an der Darstellung des Ankers gefällt

Rätselhafte Symbole auf der Karte

Bedeutung des Ankers

Seine Eigenschaften

Gesundheit mit dem Anker

Meditation

Das Haus des Ankers

Meine Beziehung zum Anker

Die dazugehörige Spielkarte   Pik 9

Meine liebste Darstellung dieser Karte ist im Deck

Andere Darstellungen des Ankers und meine Gedanken dazu

Meine Assoziationen zum Anker

Danke, lieber Anker, für

Karte 36 Das Kreuz   Datum _____

Deck _____

Was mir an der Darstellung des Kreuzes gefällt

Rätselhafte Symbole auf der Karte

Bedeutung des Kreuzes

Seine Eigenschaften

Gesundheit mit dem Kreuz

Meditation

Das Haus des Kreuzes

Meine Beziehung zum Kreuz

Die dazugehörige Spielkarte   Kreuz 6

Meine liebste Darstellung dieser Karte ist im Deck

Andere Darstellungen des Kreuzes und meine Gedanken dazu

Meine Assoziationen zum Kreuz

Danke, liebes Kreuz, für

Karte _____   Datum _____

Deck _____

Mir gefällt an der Darstellung dieser Karte

Rätselhafte Symbole auf der Karte

Ihre Bedeutung

Ihre Eigenschaften

Meditation

Meine Assoziationen

Danke, _____(Kartenname), für

Karte _____   Datum _____

Deck _____

Mir gefällt an der Darstellung dieser Karte

Rätselhafte Symbole auf der Karte

Ihre Bedeutung

Ihre Eigenschaften

Meditation

Meine Assoziationen

Danke, _____(Kartenname), für

Karte _____   Datum _____

Deck _____

Mir gefällt an der Darstellung dieser Karte

Rätselhafte Symbole auf der Karte

Ihre Bedeutung

Ihre Eigenschaften

Meditation

Meine Assoziationen

Danke, _____(Kartenname), für

Karte _____   Datum _____

Deck _____

Mir gefällt an der Darstellung dieser Karte

Rätselhafte Symbole auf der Karte

Ihre Bedeutung

Ihre Eigenschaften

Meditation

Meine Assoziationen

Danke, _____(Kartenname), für

Karte _____   Datum _____

Deck _____

Mir gefällt an der Darstellung dieser Karte

Rätselhafte Symbole auf der Karte

Ihre Bedeutung

Ihre Eigenschaften

Meditation

Meine Assoziationen

Danke, _____(Kartenname), für

Karte _____   Datum _____

Deck _____

Mir gefällt an der Darstellung dieser Karte

Rätselhafte Symbole auf der Karte

Ihre Bedeutung

Ihre Eigenschaften

Meditation

Meine Assoziationen

Danke, _____(Kartenname), für

Karte _____   Datum _____

Deck _____

Mir gefällt an der Darstellung dieser Karte

Rätselhafte Symbole auf der Karte

Ihre Bedeutung

Ihre Eigenschaften

Meditation

Meine Assoziationen

Danke, _____(Kartenname), für

Karte _____   Datum _____

Deck _____

Mir gefällt an der Darstellung dieser Karte

Rätselhafte Symbole auf der Karte

Ihre Bedeutung

Ihre Eigenschaften

Meditation

Meine Assoziationen

Danke, _____(Kartenname), für

Karte _____   Datum _____

Deck _____

Mir gefällt an der Darstellung dieser Karte

Rätselhafte Symbole auf der Karte

Ihre Bedeutung

Ihre Eigenschaften

Meditation

Meine Assoziationen

Danke, _____(Kartenname), für

Karte _____   Datum _____

Deck _____

Mir gefällt an der Darstellung dieser Karte

Rätselhafte Symbole auf der Karte

Ihre Bedeutung

Ihre Eigenschaften

Meditation

Meine Assoziationen

Danke, _____(Kartenname), für

Karte _____ Datum _____

Deck _____

Mir gefällt an der Darstellung dieser Karte

Rätselhafte Symbole auf der Karte

Ihre Bedeutung

Ihre Eigenschaften

Meditation

Meine Assoziationen

Danke, _____(Kartenname), für

Karte _____   Datum _____

Deck _____

Mir gefällt an der Darstellung dieser Karte

Rätselhafte Symbole auf der Karte

Ihre Bedeutung

Ihre Eigenschaften

Meditation

Meine Assoziationen

Danke, _____(Kartenname), für

Spielkarten   HERZ

Spielkarten   HERZ

Spielkarten   KARO

Spielkarten   KARO

Spielkarten   PIK

Spielkarten   PIK

Spielkarten   KREUZ

Spielkarten KREUZ

DANKE   THANK YOU   MERCI KÖSZÖNÖM OBRIGADO GRACIAS GRAZIE

DANKE   THANK YOU   MERCI KÖSZÖNÖM OBRIGADO GRACIAS GRAZIE

DANKE   THANK YOU   MERCI KÖSZÖNÖM OBRIGADO GRACIAS GRAZIE

DANKE   THANK YOU   MERCI KÖSZÖNÖM OBRIGADO GRACIAS GRAZIE